VOYAGE
DE
L'AVOCAT MIGNON,
DE NOYERS A PARIS;

Lors de la derniere Fête du 14 Juillet.

Poëme héroï-comique en quatre Chants.

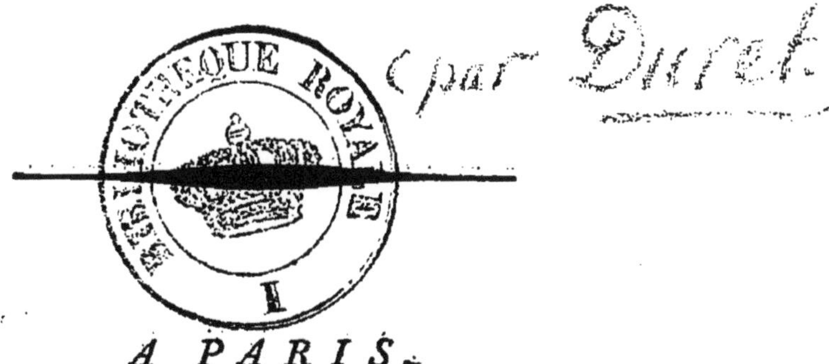

A PARIS,

Chez { DESENNE, Libraire, Palais du Tribunat, N.° 2.
ET
TARDIEU, Libraire, rue et Maison des Mathurins.

An X - 1802.

VOYAGE
DE
L'AVOCAT MIGNON,
DE NOYERS A PARIS.

CHANT PREMIER.

L'Avocat Mignon et sa femme partent de Noyers pour Sens. Aventure sur le pont d'Auxerre. Coche d'Auxerre. Mignon raconte ses exploits. Résolution d'aller à Paris. Conversation bizarre près de Paris. Arrivée au port Saint-Bernard, où les voyageurs sont reçus par leur fils. Promenade au Palais-Royal.

Voulez-vous voir quels fruits on recueille en voyage?
Mignon prêt à partir, tint ce discours si sage :
« Notre âne est-il bâté ? ses *billoux* * sont-ils mis ?
» Notre Dame **, partons : adieu nos chers amis. »
De ses lourds vêtemens la Dame enharnachée
Sur le dos de son âne est aussitôt juchée;
Et s'accrochant des mains à la selle, aux paniers,
Dont l'un, rempli de paille, est l'étui de ses pieds,
Majestueusement elle passe la file
De quelques fainéans de sa petite ville;

* Mot bourguignon qui signifie paniers.

** Nom de madame Mignon.

Tandis que l'avocat, armé d'un long bâton,
Presse les pas tardifs de maître Aliboron.
  C'est ainsi que Mignon et sa moitié MIGNONNE,
Des rives du Serin cheminent vers l'Yonne.
Déjà l'on ne voit plus le clocher de Noyers;
Déjà, loin d'Aigremont, ils passent au travers
De Lichère, et bientôt de ce bois redoutable,
Vaucharmes, de cent vols protecteur condamnable.
Pardonnons à Mignonne un instant de frayeur:
Si l'ombre des forêts affadit sa couleur,
Cette timidité convient bien à son âge:
Mignonne, à cinquante ans, fait son premier voyage.
Mais qui mieux que Mignon peut rassurer un cœur?
Mignon est plus que brave, il est bon orateur.
Ses mots, accompagnés d'un geste qui vous touche,
Tantôt en miel épais découlent de sa bouche;
Tantôt se succédant avec rapidité,
Vous forcent d'admirer sa volubilité,
Ou vous font partager son agréable extase,
Lorsque s'interrompant au milieu d'une phrase,
Tournoyant son long col, et murmurant du creux,
Il finit sa pensée en clignotant les yeux.
Il parle, et sa moitié reprenant assurance,
S'en fie à sa valeur, à son expérience;
Et surmontant la peur qui pâlissoit son front,
Elle entre dans Auxerre et traverse le pont.
  Là s'arrête tout court sa rétive monture.
L'Avocat, en fureur, à grands coups frappe, jure,
Et pérore !.... Mais rien : fixe comme un rocher,
L'impassible animal refuse de marcher.

Honteux de déployer une vaine éloquence ;
Las de frapper, Mignon perd enfin patience
S'approche du baudet, le pousse avec vigueur
De l'épaule et des mains.... le dirai-je? ô malheur!
Le baudet tourmenté décoche une ruade
Qui renverse Mignon, et par une escapade
Relance Notre Dame au milieu d'un bourbier.
Mignon déconcerté, se relève, s'assied :....
Puis, sentant qu'il n'a rien.... qu'une bosse à la joue,
Vient aider sa Mignonne à sortir de la boue;
Couvre ce que la chûte avoit trop laissé voir,
Et lui donne le bras jusques au Cheval noir.

Sans faire avec nos gens le tour entier d'Auxerre,
Je dirai que Mignonne admira la riviere,
Le port, les grands bateaux, les longs amas de bois,
Flottant pour adoucir la rigueur de nos froids;
Et le coche sur-tout, merveille qui l'étonne,
Et qui doit jusqu'à Sens contenir sa personne.
Mignon, qui dès long-tems a vu même Paris,
Explique tout cela sans en être surpris;
Et voyageur instruit, au premier coup de cloche,
Par la main, sur la planche, il guide dans le coche
Sa Dame qui frissonne en faisant ce trajet.

Or on touchoit alors au quatorze Juillet,
Et les bons Bourguignons, patriotes en forme,
Se pressoient dans les flancs de la machine énorme,
Pour venir augmenter le nombre des oiseaux
Qu'attiroient à Paris les fêtes et les jeux.
L'Avocat cependant aperçoit de la place;
Mais sa moitié Mignonne occupe tout l'espace,

Tandis que lui debout à ses chastes côtés,
Lui conte ses exploits qu'il a cent fois contés;
Lui dit comme il étoit espiègle en sa jeunesse,
Comme il sut à quinze ans tourner avec adresse
Un beau jambon de bois, parfaitement calqué
Sur le jambon de porc, qu'il avoit confisqué.
Il lui dit la façon dont il tança le cancre,
Qui le honnit un jour et le barbouilla d'encre;
Les suites du soufflet qu'il reçut en public,
Le jour qu'il fût nommé l'agent de son district;
Quelles causes jadis le comblèrent de gloire;
Son voyage à Dijon, et mainte et mainte histoire.
Mais d'un trait où brilla sa présence d'esprit,
Avec plus de détails il lui fait le récit.
Mignon est né conteur, et pour lui j'en ai honte;
« Mais que faire en un coche à moins que l'on n'y conte? »
 Alors qu'il étoit Maire, et qu'on manquoit de pain,
Les femmes de Noyers, conduites par la faim,
S'assemblèrent en foule auprès de la Mairie.
Leur troupe furieuse et bruyante s'écrie :
« On nous cache les blés, visitons les greniers;
» Maire! accompagnez-nous avec vos officiers!
» De toutes les maisons faites ouvrir la porte;
» Ou donnez-nous du pain, ou prêtez-nous main forte! »
Jugez quel embarras pour les Municipaux!
Point de pain à donner : ils seroient bien nigauds
S'ils ouvroient les maisons pour aider au pillage.
Haranguer et calmer leur paroit le plus sage.
Qu'est-ce qu'un beau discours pour appaiser la faim?
Chaque Municipal y perdoit son latin;

Et malgré son *quanquam*, Mignon lui-même échoue.
On ne l'écoute plus, on crie, on le baffoue.
Lui : « Cessez vos clameurs, cessez de résister ;
» Femmes ! dispersez-vous. — Non, nous voulons rester. —
» Ah ! vous voulez rester ! Eh bien ! ne vous déplaise,
» Restez, et regardez ceci tout à votre aise. »
Le Maire, au même instant s'étant déboutonné,
Se montroit par derrière à l'essaim mutiné.
A cet aspect, chacune en silence s'écoule,
Et ce trait de génie a dispersé la foule.
Ainsi Sémiramis calma des factieux,
En paroissant soudain presque nue à leurs yeux.

Pendant que ces récits amusent tout le coche,
Le tems s'écoule vîte, et bientôt Sens approche :
Sens que Mignonne croit le but de son trajet.
Mais l'Avocat Mignon couve un autre projet.
« Notre Dame, dit-il, laisse-là ton bagage :
» Nous n'avons pas encor fini notre voyage. »
Or l'usage en Bourgogne ordonne aux bons maris
De conduire une fois leurs femmes à Paris,
Pour les déniaiser, dans l'an du mariage.
Mignon dit : « J'ai mal fait de manquer à l'usage :
» Je te mène à Paris pour réparer mon tort. »
Sa Mignonne, à ses mots, l'embrasse avec transport :
« J'irai donc à Paris, ô ciel ! est-il croyable ?
» Mignon, mon cher Mignon, que vous êtes aimable !...
» Adieu ma sœur de Sens ! ma sœur de Sens, bonjour !
» Nous ne t'embrasserons qu'après nôtre retour :
» Nous allons à la fête. » — On en lit le programme ;
Ses détails curieux enchantent Notre Dame,

Qui pense que l'on tient tout ce qu'on a promis.
Qu'importe ? le plaisir qu'elle a de voir Paris,
Et de le voir, sur-tout dans le tems de la fête,
La transporte de joie et lui tourne la tête.
Déjà du haut du coche on voit le Panthéon;
La Seine joint la Marne, on est près Charenton.
« Charenton ! en ce lieu que peut-on voir ? dit-elle,
» — C'est l'asile de gens qui n'ont plus de cervelle;
» On y loge des fous. » Mignonne réfléchit,
Se tait, soupire et plaint la raison qui fléchit.
« Quel est ce bâtiment qui borde la riviere ?
» Est-ce là Paris ? — Oui, c'est la Salpêtriere.
» — Qui loge en ce palais ? quelles gens y voit-on ?
» — Des folles, des bâtards, des filles en prison.
» — Le nom de ce château qu'en haut je vois paroître ?
» — Bicêtre. — Quels seigneurs demeurent à Bicêtre ?
» — Des voleurs et des fous. — Vous vous mocquez de nous ?
» Ne voit-on à Paris que fous et que filous ?
» — Je ne dis pas cela; mais c'est dans cette ville,
» Dit-on, que la folie élût son domicile.
» — Et ce jardin superbe est-il peuplé de fous ?
» — Non, madame, on y voit des tigres et des loups. »
Par ces réponses-là, Mignonne intimidée,
Se forge de Paris une bizarre idée.
Sans un trouble secret, elle n'ose y songer;
Elle baisse les yeux et craint d'interroger.
» Quelles gens ! quel pays ! comment peut-on y vivre ?
» Ah ! Mignon ! j'aurois dû refuser de t'y suivre.
» Des fous et des voleurs ! des tigres et des loups !
» Voilà donc ce Paris que l'on vante chez nous, »

Mais connoissant l'amour que Mignon a pour elle,
Elle s'en fie aux soins de cet époux fidele :
Et sa frayeur décroît, lorsqu'arrivant au port,
Elle aperçoit son fils qui l'attend sur le bord.
Fluet, fils de Mignon, prévenu par son pere,
Avec empressement vient embrasser sa mere,
Prend les paquets, et mène à son hôtel garni
Le couple qui le suit sous le bras réuni.

Après un court repas que la famille apprête,
Voulant à ses parens laisser un tête à tête,
Et zélé travailleur, Fluet, fils de Mignon,
S'en va chez l'Imprimeur dont il est compagnon.
Mais l'Avocat voyant qu'il est de fort bonne heure :
« Notre Dame, dit-il, quittons cette demeure ;
» Je veux te promener au Palais sans égal,
» Que sa magnificence a fait nommer Royal. »
O curiosité ! Mignonne satisfaite,
Sortit dès qu'elle eut mis en ordre sa toilette.

Voilà donc nos époux marchant à petits pas,
Tout le long du Palais étalant leurs appas,
Et sans cesse admirant, dessous les galeries,
Les montres, les bijoux, l'or et les pierreries ;
Les plumes, les rubans, les objets curieux,
Hochets vains que la mode a rendus précieux.
Voyez maître Mignon, content de sa personne,
Jouissant du plaisir dont jouit sa Mignonne ;
La tenant par la main, et d'un œil amoureux,
Relisant son bonheur imprimé dans ses yeux !
Voyez quelle élégance ils ont dans leur parure !
Admirez leur démarche et leur noble tournure !

Mignon, canne à la main, a l'habit violet,
Qu'on lui fit à vingt ans fort court et sans collet.
On voit sous cet habit, qu'avec grace il déploie,
Petit col, grand jabot, longue veste de soie,
Culotte de coutil, bas bleus à coins cendrés,
Larges boucles d'argent à ses souliers ferrés,
Un petit cataugan serre sa chevelure,
Et son feutre à la suisse obombre sa figure,
Qui sous ce parasol laisse à peine entrevoir
Son œil creux, son teint blême et son grand sourcil noir.
Notre Dame au contraire allonge sa figure
Par un bonnet monté sur sa haute coeffure,
Et montre par derriere un élégant chignon,
Galamment retroussé par la main de Mignon.
Un fichu de linon rassure sa décence.
Son long mantelet noir d'étoffe de Florence,
Recouvre jusqu'en bas un ample casaquin,
Qui pour parer sa taille est venu de Pékin :
Et pour derniers atours, elle a, sous sa casaque,
Six courts jupons piqués pesant six livres chaque.
Mais, ce qui lui sied mieux, Mignonne, à cinquante ans,
Conserve dans ses traits la fraîcheur du printems.
Bel exemple pour vous, jeunesse libertine !
Voyez son embonpoint, sa couleur purpurine ;
Osez lui comparer vos visages blafards !

Après avoir long-tems attiré les regards
Des gens qui se heurtoient sous ces *vastes* portiques,
Après avoir joui de l'éclat des boutiques ;
Mignon, tenant toujours Mignonne par la main,
Lui propose le bras pour entrer au jardin.

Toujours condescendante à ce qu'on lui propose,
Mignonne se promène, ensuite se repose,
Regarde circuler au travers du public,
(Sans même soupçonner le fin de leur trafic)
Les Nymphes du Palais bien mises, bien jolies,
Qu'elle trouve sur-tout engageantes, polies;
Tandis que ces beautés, que tiennent vingt soldats,
Rodent près des époux en riant aux éclats.
  Cependant l'Avocat expliquant ces merveilles,
De la tendre Mignonne enchante les oreilles,
Et d'un genou pressant caresse ses genoux..
Vous qui savez le prix des douceurs d'un époux,
Mignonne, ce Palais est pour vous plein de charmes:
Mais qu'il doit vous coûter de regrets et de larmes!

CHANT SECOND.

Pluie et ce qui s'en suivit. Comment nos voyageurs passèrent la première nuit à Paris.

Tandis que les époux, l'un près de l'autre assis,
Savourent le bonheur de contempler Paris :
O source de disgrace ! une pluie imprévue
Chasse des promeneurs l'ennuyeuse cohue,
Et l'Avocat, cherchant l'abri le plus voisin,
Entre dans ce café volé sur le jardin.
Mais une heure se passe et le jour diminue ;
La pluie augmente encor quand la nuit est venue.
Mignonne s'inquiete et craint pour le retour.
Mignon, qui la devine, obligeant, plein d'amour,
Tremblant pour sa moitié, dont il voit la toilette :
« Ma poule, je t'entends, tu seras satisfaite ;
» Tu ne mouilleras point tes habits précieux ;
» Attends quelques instans, je revole en ces lieux. »
Il la quitte à ces mots. Sa moitié trop docile
Près d'une table assise, y demeure immobile ;
Et ne soupçonne pas ce qui doit arriver. . . .
Cependant l'Avocat ne vient point la trouver.
Une heure est déjà loin ; deux heures, et personne.
O ciel ! Mignonne alors se tourmente, s'étonne ;
Et, pour surcroît de peine, un incivil garçon,
D'un restant de liqueur a souillé son jupon.
Inutile pratique, elle prêtoit à rire.
Mignonne, en cet instant du café se retire,
Insultée, affligée, et sentant qu'il est tard.
Qu'est devenu Mignon ? Comment, par quel hazard,

Où le rejoindra-t-elle ? Incertaine, troublée,
Elle suit un portique, ou traverse une allée ;
Mais tout la contrarie, on la chasse soudain,
Et l'on ferme déja les grilles du jardin.
Elle sort du Palais, marche toute étourdie,
Rentre, sort, revient, court sous chaque galerie,
Souvent près du café qu'elle reconnoît bien,
Partout regarde, observe, et ne découvre rien.
Ciel ! pourquoi la réduire à cette rude épreuve ?
Mignonne, dans Paris, est absolument neuve,
Et même de sa rue elle ignore le nom.
Etoit-ce nécessaire, étant avec Mignon ? –
  Déja minuit sonnoit : trempée et harassée,
Elle se ralentit, et la tête baissée,
Mille objets confondus agitent ses esprits.
« Veillai-je ou si je dors ? Suis-je bien à Paris ?
» Paris.... séjour des fous.... oui, j'en ai quelque idée ;
Paris !... j'ai vu mon fils, j'en suis persuadée....
» Et les fous ?.... Si chacun à Paris devient fou,
» Je suis folle sans doute ?... Ah ! je vois un filou
» Peut-être ? point de peur ; car Mignon a la bourse.
» Du moins si je l'avois, j'aurois une ressource !
» Que vais-je devenir ? » La pauvrette, à ces mots,
Sentant tout son malheur, redouble ses sanglots.
Alors deux officiers qui cherchoient une belle,
Attendris par ses pleurs, s'arrêtent auprès d'elle,
Ecoutent ses récits, et, chevaliers français,
Peut-être, (que sait-on ?) séduits par ses attraits,
La prennent sous le bras et veulent la conduire....
Où ? dans quel lieu ? ma foi, je ne puis vous le dire.

Je sais qu'elle marchoit d'un air triste, abattu,
Sans penser aux dangers que couroit sa vertu.
Tandis qu'à son destin l'épouse s'abandonne
Que devient le mari? Veut-il perdre Mignonne?
Est-il mort ou vivant? Pourquoi ne pas venir?
Quel accident funeste a pu le retenir?
Trouver une voiture est-il si difficile?
C'est fort bien dit à vous, Messieurs de la grand'ville.
Et s'il n'est pas instruit que pour un foible prix
On peut avoir, une heure, un carrosse à Paris?
Si, sans être indigent, l'Avocat n'est pas riche?
S'il avoit, ce soir là, le défaut d'être chiche?
Si même, résolu de louer un cocher,
Il ne put rencontrer ce qu'il alloit chercher?
Le vrai, c'est que Mignon, qui faisoit sa demeure
Près du pont S.-Michel, dit: « Je puis, dans une heure,
» Aller et revenir; courons donc sans délais,
» Prenons un parapluie, et revenons après:
» Je n'imagine pas que Mignonne s'ennuie;
» En tout cas, je l'ai mise à l'abri de la pluie. »
L'Avocat arrivé rue et maison Maçon,
Y voit avec plaisir son digne rejetton,
Qui voulant que papa, vraiment las, se repose,
Pour chercher sa maman à l'instant se propose.
« J'y consens de bon cœur, mais marche promptement;
» C'est au Palais-Royal que Notre Dame attend,
» Dans le café. — Lequel? il en est plus de trente.
» — C'est tout au bout... un lustre... une clarté brillante...
» Enfin tu trouveras.... Mais il faut te hâter,
» Mon fils; ou ta maman va s'impatienter. »

Fluet, sûr d'une adresse aussi bien éclaircie,
Va, sautant les ruisseaux, armé du parapluie.
Il pénètre d'abord dans les cours du Palais,
Et longeant du côté du Théâtre-Français,
Il voit deux beaux cafés, qu'aussitôt il visite
Sans trouver sa maman : six autres à la suite
Sont encore explorés sans le moindre succès.
Enfin, ayant perdu trois quarts-d'heure au Palais,
Fluet, fils de Mignon, ne voit rien mieux à faire,
Que de venir du tout informer son cher pere ;
Qui fait au mal-adroit une verte leçon,
Et le conduit ensuite au café du Perron.
« Tiens, vois-tu ce lustre?—Oui, mais je ne vois personne.
» —C'est pourtant dans ce lieu que j'ai laissé Mignonne.»
Mignonne, après avoir attendu longuement,
Venoit d'abandonner son poste en ce moment.
Mignon, déconcerté d'une absence imprévue,
Aux lieux circonvoisins va promenant sa vue ;
Donne l'ordre à Fluet de tenir un côté,
Tandis que par lui-même un autre est visité.
Mais ô sort rigoureux ! ô nuit infortunée !
A quel emploi, Mignonne, êtes-vous destinée ?
Mignon se flatte en vain de marcher sur vos pas :
Hélas ! un même lit ne vous recevra pas !
L'époux rejoint son fils pleurant sa mere absente,
Se met à parcourir chaque rue adjacente,
Convient avec Fluet d'un différent chemin,
Et lui donne au Pont-Neuf un rendez-vous certain.
Fluet, le long du Louvre avoit choisi sa route.
La rue étoit déserte, il observe, il écoute.

Rien ne vient. Sa douleur s'exprime librement,
Il appelle à grands cris : « Maman ! Maman ! Maman !..
Or il étoit alors proche d'un corps-de-garde ;
Dont le factionnaire attentif le regarde :
Surpris des hurlemens d'un fils peu circonspect,
L'enfant de vingt-trois ans lui paroît fort suspect ;
Et malgré que Fluet par un détour s'écarte ;
Il le force d'entrer pour exhiber sa carte.
L'enfant qui ne s'étoit muni d'aucun papier,
Conte naïvement le fait à l'officier ;
Qui, joyeux de trouver un délit contre l'ordre,
Garde le délinquant sans vouloir en démordre.
Pendant que mon Fluet couchoit au *violon* ;
Il étoit attendu par son papa Mignon ;
Qui fatigué bientôt, et perdant patience,
Vers son hôtel Macon tranquillement s'avance.
« Il faut croire, dit-il, que mon fils est perdu.
» Hélas ! ma femme aussi ! mais le Ciel l'a voulu :
» Que d'un plus grand malheur du moins il me préserve ;
» S'ils sont encor vivans, que le Ciel les conserve ! »
Il arrive à l'hôtel, y monte pas à pas ;
Se met, s'étend, soupire..... et ronfle entre ses draps.
Pendant qu'au doux sommeil l'Avocat s'abandonne ;
Rappellez-vous l'état où j'ai laissé Mignonne ;
Entre deux officiers, qui pour sécher ses pleurs,
Lui donnent des conseils, lui content des douceurs.
Qu'on devine quel terme eut eu cette aventure ;
Si d'un côté Rosette à fringante tournure,
Et de l'autre Amélie avec son fin minois,
N'eussent fait lâcher prise à tous deux à la fois ?

La voilà de nouveau seule et désespérée ;
Mais aussi sa pudeur est un peu rassurée.
Elle quitte ces lieux, trotte encor, mais en vain ;
Elle ne peut trouver Mignon, ni son chemin.
L'obscurité, la pluie et le vent qui redouble,
Paris déja désert, tout augmente son trouble.
Elle avance sans voir, et cesse de penser.
Par bonheur en errant elle vint à passer,
Près d'un cloaque impur où brilloient vingt lumieres.
Les femmes de la Halle, ardentes ouvrieres,
Dans la saison d'Eté méconnoissent les nuits,
Pour apprêter des mets au gouffre de Paris ;
Et du soir au matin la Halle est habitée.
De cet heureux aspect Notre Dame enchantée,
S'approcha d'une troupe, en obtint la faveur
De mettre en sûreté sa vie et et son honneur,
Parmi leur compagnie : et de sa peur remise,
Sur un dur tabouret commodément assise,
Moitié pour reconnoître un bienfait précieux,
Moitié pour égayer des momens ennuyeux ;
Ses inhabiles mains, sous la modeste échoppe,
Des légumes venteux ôtèrent l'enveloppe ;
Ou, pour parler sans fard du travail de ses doigts
Jusques au point du jour elle écossa des pois.
La pluie avoit cessé. Mignonne dès l'aurore
Rappelle son courage et veut chercher encore.
Aux Dames de la Halle elle dit un adieu,
Puis se remet en route à la garde de Dieu.
Elle parcourt en vain les quartiers de la ville
Pendant quatre heures ; rien : sa peine est inutile.

Enfin n'en pouvant plus et lasse de courir,
Assise sur un banc, son affreux avenir
Démontoit son esprit; quand du coin d'une rue
Des visages connus paroissent à sa vue.
Vous saurez que Fluet, sorti du violon,
Ayant été conduit au jour en sa maison,
Fit voir au caporal qu'il étoit honnête homme;
Vous saurez que leur bruit ayant rompu son somme,
Mignon surpris de voir, dans son appartement,
Des hommes, des fusils, se leva brusquement;
S'habilla..... se souvint de l'objet qu'il adore,
Et même consentit à le chercher encore.
Or c'étoit nos coureurs que Mignonne aperçut.
« Mon Fluet! mon Mignon!!! » Comme elle vous reçut!
Quel moment! quelle joie! Elle est hors d'elle-même;
Elle n'espéroit plus revoir tout ce qu'elle aime:
Son fils et son époux! elle a tout retrouvé;
Qui peindroit son bonheur, sans l'avoir éprouvé?
« Vous voilà! je vous vois! laissez couler mes larmes;
» Elles sont de plaisir: oublions nos allarmes.
» Sans doute vous avez souffert autant que moi?
» —Je ne m'en souviens plus, quand je suis près de toi.»
Lui répondit Mignon, qui lors avec mesure,
Conta les torts du fils dans leur mésaventure.
Mais Mignonne est si bonne! elle a le cœur si doux!
Elle embrassa son fils, et plaignit son époux.

CHANT TROISIÈME.

Rencontre de la cousine PAULINE. Histoire de PAULINE et du diable. Fête du quatorze Juillet. Eaux de Versailles. Amours de MIGNON et de PAULINE.

De sa propre raison faire le sacrifice,
Epier un coup-d'œil, dépendre d'un caprice;
Pauvre état! mais il est quelque chose de pis.
Quand par une beauté vos feux sont accueillis,
S'il faut vous séparer! quelle peine est la vôtre?
« Que fait-elle à présent? Si les soins de quelque autre?...
» Non, non! mais sa santé? son amour? quel tourment!
» Sera-t-elle rendue à mon empressement?... »
Si vous voulez calmer votre corps et votre ame,
Amans trop inquiets, prenez vîte une femme.
Près d'elle ou loin; sur vous, comme sur mon héros,
Morphée exprimera le suc de ses pavots.
Cependant la famille au matin rassemblée
De l'accident nocturne est encore troublée;
Elle en parle sans cesse, elle marche au hazard,
Et tout en discourant arrive au boulevard.
Bientôt un bruit confus d'instrumens qui résonnent,
De vases que l'on choque, et de voix qui détonnent,
Séduit nos voyageurs, qui se hâtent d'entrer
Pour ouïr ce tapage et pour se restaurer;
Pendant qu'un violon, sous les doigts d'un aveugle,
Accompagne en jurant un vieux chantre qui beugle,
Et que bientôt après deux glapissantes voix
Et tous les instrumens criaillent à la fois.

A ce brillant morceau d'ensemble et d'harmonie
Succède un grand solo tiré d'Iphigénie.
La prêtresse est parée, et l'on voit dans ses yeux,
Qu'elle est accoutumée au commerce des cieux.
Un murmure flatteur, ses vêtemens, sa mine,
Annoncent du café l'élégante héroïne.
Déjà l'on applaudit avant qu'elle ait chanté.
Mais Mignon de sa grace est sur-tout enchanté :
Il l'admire, il l'observe, il sent un trouble extrême,
Et dès les premiers sons : « O ciel ! c'est elle-même !
« Dit-il, ah quel bonheur ! » Et vîte en quatre sauts
Voilà maître Mignon grimpé sur les tréteaux,
Criant à la prêtresse : « Embrassons-nous, cousine ! »
Fluet suit, et Mignonne embrasse aussi Pauline :
Et leur reconnoissance offre à leurs spectateurs
Une scène piquante et de nouveaux acteurs.

Sans doute on veut savoir quelle étoit la cousine.
C'étoit la sœur Saint-Paul, jadis bénédictine,
Confinée à Dijon dans un cloître ennuyeux,
Et liée à seize ans par d'inutiles vœux.
Pauline, ou sœur Saint-Paul dans son couvent choriste,
Dès-lors avoit montré le talent d'une artiste :
Sa voix avoit brillé dans le Magnificat,
Et même elle eut l'honneur de chanter un Stabat.
Mais bientôt les couvens repeuplèrent le monde ;
Et la jeune Saint-Paul, de piété profonde,
Avec de vieilles sœurs vécut en union,
En défiant le diable et sa séduction.
Le diable est bien malin ! folle qui le défie.
D'abord à notre sainte il suggère l'envie

De s'éloigner des sœurs, et d'aller pour un tems
Aux bords de l'Armançon visiter ses parens.
Pauline part. A peine elle est dans la voiture,
Que d'un jeune officier empruntant la figure,
La grâce, la beauté, la taille et les habits,
Le démon incarné vient s'asseoir vis-à-vis.
Dans ce premier moment son armure effarouche;
Mais son regard benin, son air sainte nitouche;
Ses gestes composés, ses doucereux propos
En rusé papelard transforment le héros.
Quelle inexpérience! hors une simple nonne,
Un officier dévot n'auroit trompé personne.
Sœur Pauline y fut prise : et le pieux lutin
Parla tant et si bien de l'amour du prochain;
Que Pauline, jugeant cet amour légitime,
Déja du sermoneur pratiquoit la maxime.
La Sainte aimoit le diable, et remercioit Dieu,
Dont le doigt les guidoit tous deux au même lieu;
Au bourg d'Ancy-le-Franc, berceau de leur enfance :
(Car le diable avoit pris un nom de connoissance.)
On arrive. A regret on cesse les discours :
Mais dans Ancy-le-Franc on se voit tous les jours.
Je passe et l'oraison dite à sainte Brigitte,
Et la griffe du diable offrant de l'eau bénite;
Je laisse nos amans récitant l'Angelus,
Les gros grains du rosaire et mille autres bibus :
Comme fit le démon, je vais vîte et j'abrège.
Je dis que sœur Saint-Paul n'aperçut pas le piège,
Ou voulut y tomber; car bientôt dans son sein,
Elle sentit sauter un petit diablotin.

Pauline desirant cacher sa faute énorme,
Suivit jusqu'à Paris le diable en uniforme,
Qui satisfait alors d'avoir atteint son but,
Se mocqua de la sainte et bientôt disparut.
Jugez de l'embarras où se trouva Pauline;
Il n'est pour en sortir qu'un moyen qu'on devine.
Un usurier la vit, fut son consolateur,
Ensuite un avocat, un huissier, un tailleur,
D'autres encore. Enfin depuis près d'une année,
Tous ses consolateurs l'ayant abandonnée,
Pour pouvoir subsister, Pauline aux Boulevards,
Dans un café-chantant, cultivoit les beaux arts.
On a vu que sa voix entroit en exercice,
Quand le bouillant Mignon interrompit l'actrice,
Lui marqua le plaisir qu'il avoit de la voir,
Puis pour le déjeuner fit descendre et s'asseoir.
Or c'étoit justement le grand jour de la fête.
Mignonne est harassée et cependant s'apprête
A parcourir les lieux qu'on a du décorer,
A visiter les jeux que l'on va célébrer.
La cousine en détail se plaît à les instruire,
Et par galanterie offre de les conduire.
On accepte avec joie, on est prêt à partir:
Et par faveur Pauline a le droit de sortir
Avec le voile blanc, la longue robe unie,
La couronne et les fleurs qu'avoit Iphigénie.
Quel spectacle brillant se découvre à leurs yeux!
Quel immense concours! quel tableau merveilleux!
Les badauds de Paris, leurs femmes empressées
S'entre-choquent déjà dans les Champs-Elisées:

Et leur nombre bientôt croissant de toutes parts,
Pressé, foulé, mêlé parmi les campagnards,
De l'Etoile au Palais, de la Seine à la Ville,
Couvre un vaste terrein d'une masse mobile.
Nos voyageurs, suivant le flot qui les conduit,
Près du Cours-de-la-Reine entendent plus de bruit.
On donne le signal pour les mâts de Cocagne.
Le premier concurrent, pour les prix qu'on y gagne,
Grimpe vîte au milieu, plus vîte tombe à bas.
Ses rivaux plus adroits dégarnissent les mâts
En un clin-d'œil.—Voulant voir un nouveau spectacle,
Nos curieux s'en vont où l'on crie au miracle.
C'est un escamoteur qui surprend par son jeu.
Oh! que d'escamoteurs opéroient dans ce lieu!
Mais le prudent Mignon, qui sait qu'on en rencontre,
Avoit laissé chez lui son argent et sa montre :
Et libre de tous soins, il examinoit mieux
L'adresse des Comus, leurs faits prodigieux,
Les prestiges de l'art, les tours de passe-passe,
Les farces de Pierrot, Polichinel, Paillasse,
Les sauts de Malaga, les lances des héros
Se battant pour leur dame, et brûlant des châteaux.
  Quel objet plus heureux nuit à la pantomime?
Garnerin, en balon, prend un essor sublime;
Garnerin qui promet de traverser les mers,
Dirigeant à son gré sa course dans les airs.
Mais le vent insoumis s'obstine à le conduire,
Et le gaz qui s'échappe, aux *sots* apprête à rire.
Tandis qu'avidement l'œil de Mignon le suit,
Il se perd dans la nue et bientôt il est nuit.

Alors un globe ardent s'élance à l'Empirée;
Et prêt à s'attacher à la voûte éthérée
Se dessine en étoile, et semble en scintillant
Des calculs de Lalande attendre un nom, un rang.
Trop tôt pour son honneur l'astre nouveau détonne,
Et couvre de ses feux tout ce qui l'environne.
Je passe le concert, Mignon en étoit loin,
Et malgré son desir n'en put être témoin.
C'est fâcheux : le concert dut être magnifique ;
On avoit fait un temple exprès pour la musique.
Mignon n'a pas le tems d'exprimer ses regrets.
Déjà de Ruggiéri les tonnerres sont prêts ;
Et d'instant en instant mille et mille fusées,
Tantôt se rapprochant et tantôt divisées,
En longs sillons de feu s'élevant dans les airs ;
Les bombes imitant le fracas des enfers,
Eclatant et tombant en pluie étincelante ;
Du Vésuve enflammé la bouche vomissante,
Par leurs vives clartés éblouissant nos yeux,
Inondent de lumiere et la terre et les cieux.
Admirez du public le caprice bizarre !
Il n'est point satisfait d'un spectacle si rare ;
Et quand tout est fini, chacun encore attend.
L'Avocat pour sa part s'en retourne content ;
Et voyant en chemin d'élégantes danseuses
Former en s'enlaçant des walses amoureuses ;
(Sans cesser d'admirer les palais radieux,
Les ifs resplendissant d'un million de feux,)
Il engage Mignonne à sauter une danse,
Tandis qu'avec Pauline il se met en cadence.

O Mignon ! de l'amour redoutez les progrès !
Pauline avoit assez déployé ses attraits !
Pourquoi vouloir encor qu'elle montre sa grace
Et sa légéreté dans les pas qu'elle trace ?
N'étoit-ce pas assez de son souris vainqueur ?
Des serremens de main qui troublent votre cœur ?
Des propos obligeans qu'elle vous tient sans cesse ?
Trop imprudent Mignon ! gare à votre sagesse !
Que je craindrois pour vous dans cette belle nuit,
Si vous n'étiez suivi du témoin qui vous nuit !

Nos gens après la danse enfin quittent la place.
Il étoit déjà tard, et Mignonne étoit lasse :
On le croira sans peine après son accident.
Ils s'en retournent donc ; et tout en regardant
L'éclat de ces beaux lieux et leur magnificence ;
De peur de s'égarer parmi la foule immense,
La prudente Mignonne aux habits de son fils
Par plus d'un nœud d'épingle attache ses habits ;
Et l'aimable Fluet, suivant de près son pere,
A ses pans retroussés s'accroche par derriere :
Tandis que l'Avocat par Pauline séduit,
S'inquiete fort peu si sa moitié le suit.

A son appartement on reconduit Pauline,
Et l'on va se coucher. — Mignon à la cousine
Pensa toute la nuit, et narguant le sommeil
Dès l'aube vint trouver Pauline à son réveil,
En fut bien accueilli, mais moins bien qu'on ne pense.
Il n'eut que ces faveurs qui donnent espérance ;
Et l'étant venu voir encor le lendemain,
La coquette Pauline affecta du dédain.

Songez à ce manège, amoureux sans finesse!
Qui laissez bonnement percer votre tendresse.
Découvrez votre cœur, on se mocque de vous :
Si vous étiez plus froids, on fileroit plus doux.
Cependant l'Avocat, des beaux arts idolâtre,
Chaque soir conduisoit Notre Dame au théâtre.
Il s'amusa beaucoup des farces de Cri-Cri;
Mais ne négligea point de visiter aussi
Ce Théâtre français dont on vante la gloire
Et qu'il vouloit juger lui-même pour y croire.
Molé, Contat jouoient. Le premier par son feu,
Son ame, son génie, et l'autre par son jeu
Rempli de naturel, de grâce, et de finesse,
Plongent les amateurs dans une douce ivresse.
L'avouerai-je pourtant? Mignon ne conçoit pas,
Pourquoi dans leur talent on trouve tant d'appas;
Aux maîtres de la scène il ravit son éloge,
Et pendant qu'on les loue il s'endort dans sa loge.
Mais un nouveau spectacle appelle mes pinceaux.
A Versailles demain doivent jouer les eaux.
Tout Paris s'en occupe, et Mignonne desire
Que son mari galant veuille bien l'y conduire.
Mignon d'abord résiste, en pensant que ce jour
Passera tristement perdu pour son amour.
Mais enfin rappellant son antique sagesse :
« O Mignon! se dit-il, rougis de ta foiblesse!
» Considère Mignonne et sa fidélité;
» Oses-tu la trahir?.... Loin cette lâcheté;
» Il en est tems encor, fuyons l'enchanteresse :
» Abjurons pour jamais une indigne tendresse ».

Profitant aussitôt de ce bon mouvement :
« Notre Dame, partons, partons en ce moment :
» Pour voir les eaux, le parc, qu'on dit une merveille ;
» Est-ce arriver trop tôt que d'arriver la veille ?
Sur l'eau jusques à Sève on se laisse mener ;
Et de Sève à Versaille on va se promener.

Le lendemain, voyant une grande affluence :
Mignon qui veut dîner avec quelque dépense,
Et régaler sa femme en sa vie une fois,
Commande un bon repas dont lui-même il fait choix ;
Le fait mettre à l'écart, et pendant qu'on l'apprête
Va jouir dans le parc des beautés de la fête.
Il admire déjà quelques maigres tuyaux,
Qu'il nomme à sa moitié le jeu des grandes eaux ;
Mais dès qu'il aperçoit la tête de Latone
Sur laquelle dix jets retombent en couronne,
Ne pouvant concevoir rien de plus merveilleux,
Il croit avoir tout vu ce qu'on voit dans ces lieux.
Enfin après avoir erré de place en place,
Las d'admirer les eaux, le château, la terrasse,
Ils revinrent dîner, et furent bien surpris
De voir servir leurs mets aux friands de Paris.
Mignon se plaint : son hôte oppose une mégarde
Et promet à lui seul sa derniere poularde.
On l'apprête, on l'embroche, on va la retirer ;
Quand un Anglais à jeun, venant à la flairer,
Fait au maudit traiteur perdre encor la mémoire,
Et vole la poularde, en lui donnant pour boire.
Mignon impatient vient chercher son rôti.
Dieux ! quel est son courroux, quand il le sait parti !

« Est-ce ainsi que l'on sert un dîner de commande? »
Il veut piller aussi; mais il faut qu'il attende;
Nul mets n'est préparé. — Pendant qu'au coin du feu
L'Avocat épioit s'il lui viendroit sous peu
De quoi manger enfin, un bruit se fait entendre.
« Ce sont les eaux! Les eaux? Oui l'on court pour s'y rendre.
» N'ont-elles pas joué? — L'on commence. — Vraiment?
» Vous ne vous trompez point? — Monsieur, assurément.
» — Notre Dame! descends! descends vîte, ma femme!
« Les eaux n'ont pas joué; viens les voir, ma chere ame. »
Ils y courent; partout ils arrivent trop tard.
Cependant nos coureurs, guidés par le hasard,
Viennent encore à tems au bassin de Neptune:
Mais autour de ce lac une foule importune,
Comme un mur de six pieds bâti sur les talus,
Empêche les époux de rien voir par dessus.
Mignon pour approcher gravit, on le culbute;
Il cède, ayant toujours détesté la dispute.
Enfin nos curieux, mourant de faim, et las,
Près des eaux, sans les voir, dînent d'un cervelas.

De retour à Paris, Mignon trouve une épitre,
Ecrite d'une main si chere à plus d'un titre.
Pauline, que tourmente un procès délicat,
Veut sur un point de fait consulter l'Avocat.

Ira-t-il à ses yeux s'exposer sans défense?
Peut-il de son savoir refuser l'assistance?
Est-ce donc pour lui seul qu'il fit son droit jadis?
Ne doit-il pas aider ses parens, ses amis?
Quoi! parce que Pauline a su toucher son ame,
Il l'abandonneroit!... Et sa vertu? sa femme?

Fort bien : mais l'Avocat, pour tout concilier,
Peut servir sa cousine, ensuite l'oublier.
C'est ainsi que Mignon s'aveugle et déraisonne.
  Il court au rendez-vous donné par la friponne,
Qui mise galamment en robe du matin,
Pour déjeuner chez elle attendoit son cousin.
Après les complimens de simple courtoisie,
Pauline à l'Avocat reproche qu'il l'oublie :
Elle a passé deux jours dans un mortel ennui ;
Hélas ! il a fallu les passer loin de lui !
Le méchant ! — La coquette étoit bien adoucie :
Ce n'étoit plus dédain, c'étoit agacerie,
Mignardise, air fripon, doux propos,
Qui d'un cœur déjà pris éloignent le repos.
Pourroit-il résister à tant de gentillesse ?
On l'aime, on le redoute, on fait une caresse,
On refuse un baiser, on permet un larcin,
On ne veut plus le voir, on découvre son sein.
O Mignon ! retenez votre main insolente !
Modérez les transports d'une bouche brûlante !
Songez à Notre Dame, à votre vieux serment !
Songez à votre honneur, songez.... Heureusement
On frappe, on est entré. Quel quidam malhonnête,
Par ces mots impromptu trouble leur tête-à-tête.
  « Madame, de l'argent ! j'ai gagné le procès
» Que j'avois contre vous, avec dépens et frais.
» Deux termes sont échus depuis long-tems, je pense ;
» Payez-moi sur-le-champ, ou d'après la sentence
» En bon stile, qu'hier j'ai fait signifier,
» Je saisis et je vends tout votre mobilier. »
» — Hélas ! mon cher cousin, s'écrie alors Pauline :
» Soyez mon défenseur. » L'Avocat examine,

Et voit qu'il faut payer, ou qu'on mette dehors
Les meubles que déjà saisissent deux recors.
« O mon cousin Mignon! sans meubles, sans asyle,
» Que vais-je devenir? qui voudra m'être utile!
» Si j'avois un délai..... — Non, non, point de retard,
» Dit l'huissier. — Si du moins j'en pouvois faire part,
» A quelques bons amis, leur ame généreuse
» Ne me laisseroit pas dans cette peine affreuse.
» L'argent que je n'ai pas je pourrois l'emprunter....
» Cousin! si pour trois jours vous vouliez me prêter....
» Je serois, je vous jure, exacte à vous le rendre.
» — Allons, dépêchons-nous, je me lasse d'attendre,
» Dit le dur créancier. — Si j'étois en argent,
» Cousine.... — Ah! mon cousin! vous êtes obligeant,
» Vous allez me prêter : que vous êtes aimable!
» — Ce seroit de bon cœur, si j'en étois capable,
» Mais ma bourse est à sec, et je n'ai rien sur moi.
» — Sortez tous deux d'ici; c'est au nom de la loi
» Qu'un huissier vous l'ordonne.—Oh! j'en mourrai de honte!
» Monsieur l'huissier! Cousin! offrez-leur un à-compte.
» — Je n'ai rien. — Vous avez peut-être des bijoux,
» Petit cousin! j'ai vu votre montre sur vous.
» — Vous offrez une montre? au moins est-elle bonne?
» Dit l'huissier, voyons-la. — L'Avocat l'abandonne.
» Ma montre est excellente, elle vaut six louis. »
Quoiqu'il l'estime cher, on l'accepte à ce prix;
On en paroît content, et l'on se détermine
A laisser le cousin en paix chez la cousine.

Après un tel bienfait, lecteur, vous devinez
Que les feux de Mignon vont être couronnés :
Et Pauline en effet, cédant sans résistance,
Lui prodigua l'amour et la reconnoissance.

CHANT QUATRIEME.

Suite des amours de Mignon et de Pauline. Le Ventriloque. Dernière scène chez Pauline. Regrets. Départ. Aventure en route. Prudence de Mignon. Les voyageurs rentrent dans leurs foyers.

ROMANS du bon vieux tems ! qui nous avez vanté
L'amour et la constance et la fidélité ;
Ce n'est point parmi nous, fragiles que nous sommes,
Qu'on reconnoît les traits dont vous peignez les hommes.
Un seul peut-être, un seul ! dans ce siècle pervers,
Pouvoit encor servir d'exemple à l'univers,
Et montrer un époux pendant trente ans fidele ;
Un instant de délire a brisé le modele.
O charmes de Pauline ! inévitable écueil !
De l'honneur de Mignon vous fûtes le cercueil !
Quand sa frêle vertu, fut tombée en ruine,
Mignon sortit des bras de sa tendre cousine.
Alors se rappellant l'huissier et le procès,
Son amour pour Pauline et son heureux succès,
Sa montre au créancier légèrement laissée,
Et sa fidélité pour toujours éclipsée ;
Il vint trouver Mignonne, et parut à ses yeux
Triste ou gai tour-à-tour, content ou soucieux.
Quoiqu'il eut éprouvé la douceur de sa femme,
Pour ne point faire naître aucun doute en son ame,
Il crut devoir celer le prêt qu'il avoit fait.
Au surplus dans trois jours on lui rendra son prêt.

Nulle peur, nul souci. — Le soin de sa tendresse
Dirige encor ses pas vers son enchanteresse;
Et quoique sa moitié le suive obstinément,
Voir, entendre une amante est si doux, si charmant,
Qu'il veut, malgré la gêne, entendre et voir encore
Dans son café chéri la beauté qu'il adore.

A peine ils sont assis que l'Avocat Mignon
S'entend distinctement appeller par son nom.
(C'étoit dans un entracte.) Aussitôt il s'avance
Vers le lieu d'où la voix sortoit en apparence.
Rien ne paroît : tandis qu'il est de ce côté,
L'on appelle Mignon de l'autre extrémité.
L'Avocat lestement pour y courir détale,
Mais on l'appelle alors du plafond de la salle.
Muet, désespéré, confus, tremblant de peur,
Il ne peut expliquer ce prestige trompeur.
Est-ce une illusion? Mais la voix qui redouble :
« Mignon! maître Mignon! » vient augmenter son trouble.
« Non, non, ce ne sont point des songes imposteurs,
» On me nomme, » dit-il. Alors vingt spectateurs
Relevant son courage en ce moment terrible,
Il adresse ces mots à la voix invisible :
» Se mocque-t-on de moi? Qu'est-ce? Que me veut-on?
« — Tout beau, repart la voix, il faut baisser le ton.
» L'Avocat! réponds-moi, qu'as-tu fait de ta montre?
» Si tu l'as su garder, que ta main nous la montre. »
Sa femme le regarde et veut l'interroger. —
« Notre Dame, dit-il, elle est chez l'horloger.
» —Tu mens, Mignon, tu mens! Veux-tu qu'avec franchise
» Je dise en quelles mains aujourd'hui tu l'as mise?

» Veux-tu que ta Mignonne apprenne quel doux prix
» Tu reçus en retour? » — De plus en plus surpris
L'Avocat tout honteux alloit demander grace;
Quand l'invisible voix par d'autres se remplace.
La musique commence, on garnit les tréteaux,
Et Pauline entre en scène avec quelques marauds,
Parmi lesquels Mignon voit avec amertume
L'huissier et les recors dans un nouveau costume.
« Ciel! dit-il, ces gens-là sont de mauvais aloi,
» La dette étoit fictive, on s'est joué de moi. »
S'il eut su que la voix dont l'audace le choque
Sortoit des intestins de l'un d'eux Ventriloque;
Et que ce Ventriloque étoit le créancier!!!....
De Pauline pourtant n'osant se défier,
N'osant tout haut se plaindre, il reconduit Mignonne;
Et deux heures plus tard revient chez sa fripponne.
Que voit-il en entrant? Les débris d'un repas,
Des bouteilles sans nombre et des mets délicats;
L'huissier, le créancier, déjà tous les deux ivres;
Les recors dévorant, se disputant les vivres,
Et l'ami de Pauline, assis sur ses genoux,
Semblant se préparer à des combats plus doux.
A l'aspect de Mignon chacun se met à rire.
On bénit son instinct qui vient de le conduire
Parmi de bons vivans, des jeunes gens joyeux,
Qui soupent aux dépens d'un amant généreux.
On veut de ses amours consacrer la mémoire,
On l'invite à manger, on le presse de boire:
« Messieurs! voilà Mignon, buvons à sa santé. »
L'Avocat, peu content de leur civilité,

Refuse de s'asseoir, et leur faisant la moue :
« Je ne viens point ici pour que l'on me baffoue :
» Buvez, si voulez, je ne suis point d'humeur.....
» Il suffit, rendez-moi ma montre ou sa valeur.
» — Sa valeur! dit Pauline, ingrat! tu l'as reçue,
» Et ma pudeur rougit de te l'avoir rendue :
» Je n'ai que trop payé ta montre et ton amour!
» — Elle a raison, morbleu! vous devez du retour.
» Messieurs! délibérons et fixons la dépense
» Que fera le cousin pour former la balance. »
Pendant qu'on met aux voix ce qu'il devra payer,
Le prudent Avocat, enfilant l'escalier,
Abandonne en jurant Pauline et ses compères :
Heureux de s'en tirer avec les étrivières!

Echappé de cet antre, et sentant son malheur,
L'Avocat en ces mots exhale sa douleur :
« O rives du Serin! ô mon pauvre village!
» Noyers! je t'ai quitté pour faire un beau voyage!
» Quoi! j'arrive à Paris, et j'ai déjà perdu
» Mon épouse et mon fils! ma montre!... et ma vertu!
» Mon fils s'est retrouvé, j'ai retrouvé Mignonne :
» Mais qui rendra ma montre et ma vertu? Personne.
» Et toi, cousine ingrate! idole de mon cœur,
» Toi dont mon ame éprise admiroit la candeur,
» Que je croyois aimante, estimable, loyale;
» De ces filles sans mœurs je trouve en toi l'égale!
» Je me laisse enlacer dans tes filets trompeurs;
» Et tu bois ma dépouille avec tes souteneurs!
» Et tu ne rougis point de ta conduite indigne!
» Tu poursuis devant moi ta fourberie insigne!...

Puisqu'un

» Puisqu'un masque imposteur voile ici les défauts,
» Puisque je ne sais point voir le vrai sous le faux;
» Abandonnons Paris où mon expérience
» M'apprend qu'il ne faut point compter sur l'apparence. »
C'est en grondant ainsi que le pauvre Mignon
Revient trouver Mignonne à l'hôtel de Mâcon.
« Fais tes paquets, ma femme, allons payer notre hôte,
» Demain dès le matin nous partirons sans faute.
» Je suis las de Paris, et je n'ai plus d'argent.
» Pour l'argent, je comptois en faire en échangeant
» Mes boucles et ma montre : erreur ne fait pas compte.
» Hélas ! ma montre est loin ! je l'avoue à ma honte ;
» Quant aux boucles, demain à Paris je les vends. »
Le lendemain matin Fluet prit les devants :
Nos gens firent leur vente, et par quelque anicroche,
En concluant l'affaire, ils manquèrent le coche.
Fluet avoit toujours déposé le paquet ;
Et l'heure étant passée il plantoit le piquet,
Tranquile sur le port, en attendant son père.
Mignon arrive enfin, Mignon se désespère
De ne plus voir le coche, et veut courir après.
Mais il est déjà loin, et d'ailleurs ses effets
Inscrits, ne peuvent point se perdre en son absence :
Et quel mal au surplus s'ils arrivent d'avance ?
Les époux à demain remettent leur départ ;
Mais échaudés la veille, ils arrivent moins tard.
Ils embrassent Fluet, qui leur dit bon voyage ;
Et le lourd bâtiment s'éloigne du rivage.
Mignon cause d'abord : charmé de son caquet,
Un gros marchand de vin lui propose un piquet,

Que l'Avocat accepte, à six sous la partie.
L'on joue à peu de frais et l'on se désennuie.
Quoique plus fin joueur Mignon eut du dessous;
Et déjà, sur parole, il perdoit trente sous,
Quand le commis du coche, en terminant sa ronde,
Pour voir s'il a son compte observant tout son monde,
Aperçoit l'Avocat, et d'un air obligeant :
« Monsieur, voulez-vous bien me donner de l'argent, »
Lui dit-il? — Aussi-tôt Mignon fouille à sa poche.
Ah! grands Dieux! son malheur le poursuit dans le coche!
Ce n'est point une erreur; il a beau se fouiller,
Des voisins trop subtils ont su le dépouiller,
Il ont volé sa bourse!.... Et vous, douce Mignonne,
Vous n'avez pas un sou!.... — L'Avocat s'abandonne
A tout son désespoir; mais alors le commis :
« Vous n'êtes pas ici sans effets, sans amis?
» — Mon paquet me devance, et je ne vois personne
» Qui m'ait connu jadis, ni moi, ni ma Mignonne.
» Mais je suis avocat, je me nomme Mignon;
» Le barreau de Noyers a vu fleurir mon nom :
» Je vous paîrai dans Sens où vous allez me rendre.
» — Le détour seroit bon pour qui voudroit s'y prendre.
» Vous me paîrez à Sens? Ouidà! petit malin!
» Vous ne sortiriez pas aux trois quarts du chemin!
» A d'autres. De l'argent? Monsieur, je suis comptable.
» — Vous savez mon malheur, parbleu! je suis croyable :
» Et quand je vous promets....—Tout cela, cest fort beau,
» Vous dis-je.... Marinier! approchez le bateau,
» Et conduisez monsieur et madame au rivage. »
Mignon résiste encore et veut faire tapage

Mais la douce Mignonne a de son pied tremblant
Déja franchi du coche au bateau chancelant;
Et Mignon, trop aimant pour délaisser sa femme,
Appaise par dégrés le courroux qui l'enflamme,
Se résigne à la fin, s'approche des deux bords
Et courbe, pour sauter, le milieu de son corps :
Quand le marchand de vin, qui ne perd pas la tête,
Le saisit au collet, l'apostrophe et l'arrête.
« Croyez-vous m'échapper sans donner trente sous?
» — Je veux bien vous solder, mais comment voulez-vous
» Que je paie à présent? Je donne ma parole
» De m'acquitter à Sens. — Bah ! promesse frivole!
» — Ma parole d'honneur. — Ma foi je n'y crois point.
» — Insolent! vous osez m'insulter à ce point!
» — Tenez! vous avez l'air...-De quoi? monsieur le drôle? »
A ce mot le marchand le pousse par l'épaule,
Et pour ses trente sous l'envoie au fond de l'eau.
Alors le marinier éloigne son bateau;
Et l'agile Mignon, se mettant à la nage,
Suit Mignonne effrayée et parvient au rivage.
« Dieu juste! qui punis ma curiosité;
» Pardonne, mets un terme à ta sévérité. »
Dit Mignonne, et des pleurs mouillent son beau visage.
« Calme-toi, Notre Dame, et reprenons courage.
» Les fripons, les méchans nous ont persécutés,
» Mais nous verrons la fin de nos calamités.
» Nous avons jusqu'à Sens trois jours de promenade :
» Pour moi j'ai le pied bon, toi tu n'es point malade;
» Et l'appui de mon bras t'aidera pour marcher. »
Mais l'humide Mignon songeant à se sécher,

Sur les bords de la Seine aperçoit un bocage,
S'y dépouille, suspend ses habits au feuillage,
Et comme Adam, se montre *in naturalibus*.
Mignonne, qui rougit de voir ses appas nus,
Affuble d'un jupon son dos et sa poitrine
Et couvre d'un second le bas de son échine.
Alors sec et vêtu, le gracieux Mignon
Auprès de sa compagne assis sur le gazon,
Reconnoissant des soins que sa moitié lui donne,
Aux charmes de l'amour tendrement s'abandonne.
Il saisit une main, il demande un baiser,
Que l'aimable Mignonne est loin de refuser.
L'ombre, la solitude, un beau tems, un beau site,
Le doux chant des oiseaux, tout l'invite, l'excite,
La *séduit*; mais surtout l'attirail de Mignon
Qui lui donne à ses yeux l'air galant et fripon.
Ils alloient être heureux, quand l'époux se rappelle
Sa trahison coupable et sa flamme infidele.
Il se souvient des mœurs de l'indigne beauté,
De sa mauvaise foi, de sa perversité.
« O ciel! si ma personne a reçu quelque outrage,
» Faut-il que pour surcroit Mignonne le partage?
» Non, non, c'est déjà trop d'avoir trahi son cœur! »
L'infidele Avocat réprime sa vigueur,
Et prudemment s'en tient à dire des tendresses.
Mignonne dédaignant d'imparfaites caresses,
Ne voyant point d'ailleurs d'obstacle à ses plaisirs,
Par ses embrassemens releve ses desirs.
Malgré tant de bontés, Mignon impitoyable,
Ferme dans son principe, y persiste immuable;

Et voulant détourner des refus trop suspects :
« Notre Dame, voyons si mes habits sont secs.
» Oui, le soleil est vif, ils seront secs sans doute.
» Allons, rhabillons-nous et mettons-nous en route. »
Ils sortent du bosquet et vont au grand chemin;
Marchent jusqu'à la nuit : mais alors ayant faim,
Ils firent leur souper d'un jupon de Mignonne.
Un roulier bourguignon, excellente personne,
Instruit de leur histoire et de leur embarras,
Voyant Mignonne lasse à ne plus faire un pas,
Sur son lourd charriot les mit par complaisance,
Et sur leur bonne mine avança leur dépense.
Ils arrivent à Sens. A Sens, nouveau malheur :
La sœur est à Paris pour la fête.... Leur peur
Fut cruelle, et Mignon étoit en doléance,
Au moment où sa sœur quitta la diligence.
Venons aux derniers faits, — Quand Mignon est parti,
Quoique l'un des Jurés, il n'a point averti.
Ce souvenir à Sens l'agite et l'inquiete;
Puis il n'est pas fâché d'avoir une défaite.
D'un amour qui n'est plus redoutant les effets,
Il veut à ses desirs imposer des délais.
Il laisse donc à Sens sa compagne éplorée,
Part pour Auxerre, y vient. La liste étoit tirée
Depuis sept ou huit jours; son nom étoit sorti.
Juré de jugement, bien dûment averti,
Le susdit délinquant, vû l'ordre qui le mande,
Fut contraint de subir la prison et l'amende.
Libre de cette épine, il voulut éclaircir
Ce que de l'autre objet il pourroit advenir.

Un habile docteur, sur le vû du coupable,
Déclara l'Avocat plus sain que raisonnable.
  Ce favorable arrêt rappellant son bon sens,
Il revint sans retard chercher sa femme à Sens;
La ramena bien vîte au sein de son village;
Lui rendit sa tendresse échappée au naufrage;
Palissa ses poiriers qui s'étoient détachés;
Arrosa ses navets et ses choux desséchés;
Recueillit ses moissons qui languissoient d'attente;
Fit étayer les ceps de sa vigne pendante;
Et, maudissant alors sa curiosité,
Emprunta pour payer ce qu'elle avoit coûté.

NOTES du Chant premier.

Noyers. Petite ville de Bourgogne assez agréablement située sur le Serin, et entourée de côteaux fertiles en vins, dont les marchands déguisent l'origine pour les vendre à Paris, comme vins d'Auxerre, de Tonnerre ou d'Avalon. Il y avoit autrefois à Noyers un bailliage, qui comptoit dans son ressort peu de clients, mais beaucoup d'Avocats. L'Avocat Mignon étoit l'un des plus recommandables.

C'est ainsi que Mignon et sa moitié Mignonne,
Des rives du Serin cheminent vers l'Yonne.

Autrefois la grande route de Paris à Dijon passoit par Noyers; maintenant ce n'est plus qu'un chemin de traverse en fort mauvais état. Les voitures ont de la peine à s'en tirer; et les Dames qui vont de Noyers à Auxerre, ne connoissent d'autres moyens que la poste aux ânes sans relais.

Aigremont. Lichère. Villages sur la route.

Vaucharmes, de cent vols protecteur condamnable.

La réputation de Vaucharmes est effrayante; à trente lieues à la ronde tout le monde sait les deux vers suivants, qui sans doute ont beaucoup de mérite, puisqu'on les cite encore longtems après la destruction des brigands et de la grande route elle-même :

» Celui qui veut aller de Paris à Dijon
» Doit éviter Vaucharme et le Val-de-Suzon. »

.... jusques au *Cheval noir.*

Mauvaise auberge d'Auxerre, où les habitans de Noyers ne manquent pas de descendre.

Un beau jambon de bois.

Son pere avoit invité ses amis pour se décarêmer le jour de

Pâques, avec un jambon superbe. Quelle fut sa surprise quand on le vit surnager!!!

Les suites du soufflet qu'il reçut en public
Le jour qu'il fut nommé l'agent de son district.

Les suites furent plus importantes qu'on ne l'imagine. D'abord Mignon perdit une dent; mais ce qui fut un malheur plus grand pour la chose publique, l'impétueux Avocat craignant de ne point résister à la démangeaison de tuer son homme, reprit à l'instant même le chemin de Noyers; et jusqu'à la nomination de son successeur, c'est-à-dire, pendant plus de quinze jours, le district de Tonnerre fut privé de son agent.

Et malgré son *quanquam* Mignon lui-même échoue.

C'est ainsi que l'Avocat nomme toutes ses harangues. Il sait que plusieurs discours de Cicéron commencent par ce mot oratoire.

Ainsi Sémiramis.....

Des mutins assiégeoient le palais de cette princesse. Sémiramis qui étoit alors à sa toilette et presque nue, se présenta sur-le-champ aux rebelles et calma cette émeute par sa seule présence. Le Maire de Noyers qui s'est trouvé dans une circonstance semblable à celle de la Reine de Babylone, a bien su mettre à profit ses connoissances historiques.

Des gens qui se heurtoient sous ces *vastes* portiques.

Vastes! Voilà une épithète que je soupçonne d'inexactitude. Je soumets la solution de mon doute à ceux qui s'y coudoient du matin jusqu'au soir.

Note du Chant second.

Pluie. Il plut beaucoup jusqu'au lendemain matin 14 Juillet. Alors la pluie cessa, et la fête fut brillante.

Notes du Chant troisième.

Les sauts de Malaga.

La jeune Malaga a eu sur la corde tendue presque autant de réputation que Pierre Forioso.

Et le gaz qui s'échappe aux *sots* apprête à rire.

Propres expressions du C. Garnerin après son voyage de long cours.

Des calculs de Lalande attendre un nom, un rang.

Le nom de cet astronome est assez fameux pour n'avoir pas besoin d'une note. Mais on le juge trop souvent d'après les sarcasmes de quelques ennemis. Les personnes qui vivent dans l'intimité de Lalande ne tardent pas à reconnoître en lui les agrémens de l'esprit, réunis aux bonnes qualités du cœur.

Ruggieri. Célebre artificier.

Et quand tout est fini, chacun encore attend.

Ceux qui ont assisté à la fête du 14 Juillet dernier s'apercevront bien que j'ai conservé la vérité historique de tous ses détails. Cette note est applicable à la fête de Versailles.

Il s'amusa beaucoup des farces de Cri-Cri.

Le nom de cette parade a été pendant plusieurs mois en permanence sur l'affiche du théâtre Montansier.

Mais dès qu'il aperçoit la tête de Latone
Sur laquelle dix jets retombent en couronne.

Le bassin de Latone est composé d'une centaine de jets d'eau. Quand les eaux doivent jouer, il est d'usage d'en ouvrir quelques-uns dès le matin : et voilà ce qui a causé l'erreur de l'Avocat Mignon.

www.ingramcontent.com/pod-product-compliance
Ingram Content Group UK Ltd.
Pitfield, Milton Keynes, MK11 3LW, UK
UKHW020955220726
13924UKWH00002B/698

9 782019 973186